DRAGONFLY

CHARLOTTE HABERSACK

ECHTE HELDEN

Gefangen im Hochwasser

Nach einer *wahren* Geschichte

DRAGONFLY

2. Auflage 2020
Originalausgabe
Copyright © 2019 DRAGONFLY
in der HarperCollins Germany GmbH, Hamburg
Alle Rechte vorbehalten
Umschlag und Innenillustrationen von Niko Renger
Satz: GGP Media GmbH, Pößneck
Printed in Germany
Dieses Buch wurde auf FSC®-zertifiziertem Papier gedruckt.
ISBN 978-3-7488-0015-6

www.dragonfly-verlag.de
Facebook: facebook.de/dragonflyverlag
Instagram: @dragonflyverlag

Für Louis

Charlotte Habersack liebt Abenteuer. Als Kind ist sie gerne auf Schrottplätzen herumgeklettert, durch fremde Gärten geschlichen oder in verlassene Häuser eingestiegen. Später hat sie auf ihrem Motorrad die Sahara durchquert. Sie liest und schreibt gerne spannende Geschichten und glaubt, dass in jedem ein echter Held steckt.

Nikolai Renger wurde in Karlsruhe geboren und studierte Visuelle Kommunikation an der HFG in Pforzheim. Er ist als freiberuflicher Illustrator für verschiedene Verlage und Agenturen tätig und arbeitet seit 2013 im Atelier Remise in Karlsruhe.

Es hagelt Katastrophen- meldungen

Louis beobachtete, wie die Digitaluhr auf dem Fernsehbildschirm auf 22:15 sprang.

Ein Gong ertönte. Dann eine Frauenstimme: *Hier ist das Erste Deutsche Fernsehen mit den Tagesthemen.*

Der Fußboden im Flur war kalt, und Louis hatte nur einen Schlafanzug an. Am liebsten hätte er sich zu seiner Mutter gekuschelt, die auf dem Sofa unter der grünen Wolldecke lag. Aber sie hätte ihn sicher sofort zurück

ins Bett geschickt. Schließlich war morgen Schule.

Louis zog die Beine an, legte sein Kinn aufs Knie und spähte ins Wohnzimmer. Angespannt wartete er darauf, dass seine Mutter endlich schlafen ging.

Auf dem Bildschirm waren jetzt übergelaufene Flüsse zu sehen. Ganze Wiesen und Straßen standen unter Wasser. Der Starkregen war immer noch Thema Nummer eins. Eine Woche lang hatte es fast ununterbrochen geregnet, und in den Spätnachrichten hagelte es Katastrophenmeldungen. „Der Pegelstand der Flüsse steigt weiter", verkündete die Nachrichtensprecherin, „viele Autobahnen und Brücken wurden gesperrt, ein Dammbruch droht, zwei Menschen sind bereits gestorben: Ein alter Herr kam nicht rechtzeitig aus seinem überfluteten Keller, eine Frau wurde von einem herabfallenden Ast erschlagen."

Louis fröstelte. Zwar machte der Regen im Moment eine Pause, aber die Nachrichten-sprecherin konnte keine Entwarnung geben. Die nächste Sturmfront war schon auf dem Weg. Und ausgerechnet heute musste er noch aus dem Haus …

Louis haut ab

Louis zuckte zusammen, als seine Mutter plötzlich aufstand. Noch vor dem Ende der Nachrichten legte sie die Wolldecke zusammen und schaltete den Fernseher ab.

Eilig huschte er zurück in sein Zimmer und hechtete ins Bett. Er zog die Decke bis unters Kinn und lauschte auf die Geräusche in ihrer kleinen Wohnung. Seine Mutter stellte ihr Glas in der Küche ab und ging anschließend ins Bad.

Leise Radiomusik erklang. Summend putzte sich seine Mutter die Zähne und bürstete sich die Haare. Kurz darauf hörte Louis, wie sich ihre Zimmertür schloss.

Besser, er wartete noch ein bisschen, bis sie eingeschlafen war.

Es eilte ja nicht. Die Uhr auf seinem Wecker zeigte erst 23:15. Und er musste um Mitternacht auf dem Schrottplatz sein.

Während er im Dunkeln lag, dachte Louis daran, wie sie in der Schule die Berufe ihrer Eltern vorgestellt hatten.

„Meine Mutter arbeitet auf dem Schrottplatz", hatte er erzählt und schnell hinzugefügt: „Im Büro."

Aber da war es bereits zu spät gewesen.

„Wer verkauft nur Schrott und Müll?
Frau Düll!", hatte sich Alexander lustig gemacht.

Und dann hatten alle gelacht.

Immerhin hatten seine Mitschüler daraufhin zugehört, als Herr Rübel ihm weitere

Fragen gestellt hatte. Sonst fanden sie seine Erzählungen immer uninteressant und redeten lieber. Oder blickten gelangweilt aus dem Fenster. Die meisten sahen einfach durch ihn hindurch, als wäre er unsichtbar.

Und das wäre Louis auch gerne gewesen.

Zumindest für Orkan und Alexander. Aber ausgerechnet diese beiden sahen ihn immer! Seit einigen Wochen suchten sie ihn in jeder Pause. Und fanden ihn. Selbst, wenn er sich versteckte. Auf dem Klo. Unter der Treppe. Oder im Sportgeräteraum.

Nach der Berufsvorstellung hatten sie ihn hinter dem Pausenautomaten entdeckt. Orkan hatte ihn in die Ecke gedrängt und ihm die Pausenbox abgenommen.

Louis verstand nicht, wie man so viel Spaß daran haben konnte, andere fertigzumachen – und es trotzdem schaffte, von allen bewundert zu werden!

Vor allem Alexander fanden die meisten toll. Wie Fliegen klebten sie an ihm, wenn er vor dem Unterricht Videos herumzeigte oder etwas erzählte. Als *er* den Beruf seiner Eltern vorgestellt hatte, hatten alle anerkennend genickt. Dabei arbeiteten Alexanders Eltern gar nicht mehr. Sie hatten vor ein paar Jahren eine Internetfirma gegründet und wieder verkauft.

„Für mehrere Millionen!", hatte Mara behauptet.

Und Yannick hatte erzählt: „Alexanders Eltern sind stinkreich! Sie lesen ihm jeden Wunsch von den Augen ab."

Das stimmte: Ständig trug Alexander die teuersten Sneakers, und natürlich hatte er immer das neueste Smartphone.

Orkan hatte nicht so viel Geld. Dafür drei fast schon erwachsene Brüder.

Louis hätte auch gerne Geschwister gehabt.

Und so viel Geld wie Alex. Aber er war allein. Allein mit einer Mutter, die auf dem Schrott- platz arbeitete und immer ein bisschen müde wirkte, selbst wenn sie gerade erst aufgestanden war.

Louis sah auf den Wecker. Zwanzig Minuten vor Mitternacht.

Zeit aufzustehen.

Ohne Licht zu machen, griff er nach seinen Klamotten, warf sich T-Shirt und Pullover über, schlüpfte in seine Jeans und schnallte den Gürtel zu.

Im Dunkeln tapste er ins Wohnzimmer, schnappte sich die grüne Wolldecke vom Sofa und nahm sie mit in sein Zimmer. Er rollte sie zu einer dicken Wurst und legte sie so ins Bett, dass es im Halbdunkel aussah, als würde ein Mensch darin liegen. Zufrieden zog Louis die Zimmertür zu.

Er tastete sich die Wand entlang zur Garderobe und schlüpfte in seine Regenjacke, die seit Tagen im Dauereinsatz war. Mit spitzen Fingern hob er Mamas Schlüsselbund vom Haken, nahm seine Gummistiefel in die Hand und verließ die Wohnung.

Damit die Tür nicht laut zuschnappte, steckte Louis den Schlüssel ins Schloss und drehte ihn vorsichtig herum. Anschließend verstaute er ihn in seiner Hosentasche und huschte das Treppenhaus hinunter.

Erst vor der Haustür zog er seine Gummi-stiefel an. So leise wie möglich schlich er unter Mamas Schlafzimmerfenster vorbei zu den Fahrradständern. Er hob sein Fahrrad heraus und schob es zwei Straßen weiter, bis er ganz sicher außer Hörweite war.

Dann erst stieg er auf und radelte Richtung Schrottplatz, wo er mit Alex und Orkan ver-abredet war.

Wasser-Parcours

Um diese Uhrzeit, mitten unter der Woche, bei so einem Wetter, war zum Glück kein einziger Mensch unterwegs. So konnte sich niemand über Louis wundern, der im Slalom um die tiefen Pfützen herumkurvte, die die Gehwege und Straßen bedeckten. Konnte er einmal nicht rechtzeitig ausweichen, hob Louis die Beine, damit das Wasser nicht in seine Stiefel spritzte.

Obwohl es gerade nicht regnete, war es ziemlich windig. Mal drückte der Wind von der Seite, mal kam er direkt von vorn.

Er zerrte und rüttelte an Louis, als wolle er ihn vom Fahrrad werfen.

Louis duckte sich tief über den Lenker, um dem Wind so wenig Angriffsfläche wie möglich zu bieten. Erst als er die Brücke hochfuhr, stellte er sich auf, um im Stehen mehr Kraft zu haben. Mit seinem ganzen Körpergewicht warf er sich in die Pedale. Keuchend stemmte er sich gegen den Sturm.

Am höchsten Punkt angekommen, klammerte er sich am Brückengeländer fest und verschnaufte kurz. In der Ferne konnte er schon die Umrisse des Schrottplatzes erkennen. Die roten Lichter der Verbrennungs-anlage leuchteten wie die Augen eines Ungeheuers durch die Nacht.

Louis beugte sich über das Geländer und sah nach unten.

Wie das Wasser unter ihm durchrauschte! So nah …

Der Fluss, der sonst eher gemächlich durch die Stadt floss, gurgelte und sprudelte jetzt wie ein reißender Gebirgsbach.

Fast wie Alexander, dachte Louis. Der war bis vor wenigen Wochen auch noch eher ruhig und nett gewesen, aber dann hatte er sich von einem Tag auf den anderen völlig verändert.

Alex war plötzlich richtig fies und aggressiv geworden. Und Herr Rübel hatte nichts dagegen unternommen.

Im Gegenteil.

Je gemeiner Alexander geworden war, umso netter behandelte ihn der Lehrer.

„Wie geht's dir, Alexander?"

„Du machst nur mit, wenn du Lust hast, gell?"

„Wenn es dir zu viel wird, sagst du Bescheid." …

Louis spürte einen Feuerball im Bauch.

Verächtlich spuckte er von der Brüstung. Als Alex ihm zum allerersten Mal blöd gekommen war, hätte er ihm sofort eins überbraten sollen! Aber das durfte man ja nicht. Und jetzt war es zu spät.

Alex hatte sich mit Orkan zusammengetan, und der machte seinem Namen alle Ehre. Wie ein Tornado fegte er über alles hinweg. Orkan war viel stärker als Alex und manchmal richtig bedrohlich. Mit *einem* Gegner hätte Louis es ja noch aufnehmen können. Aber mit zweien …

Entschlossen stieß er sich vom Geländer ab und ließ das Fahrrad die Brücke hinunterrollen. Er schlug den Lenker ein und holperte die Böschung hinunter zum Feldweg, der entlang des Flusses direkt zum Schrottplatz führte. Das Licht der Fahrradlampe tanzte über den unebenen Boden.

Louis erschrak.

Der Feldweg stand unter Wasser! Die Stellen, die nicht überflutet waren, waren so aufgeweicht, dass der Boden nur noch aus Schlamm bestand.

In letzter Sekunde machte er eine Vollbremsung. Der Hinterreifen rutschte unter ihm weg, laut klatschend landeten seine Gummistiefel im Matsch. Das Licht der Fahrradlampe erlosch.

Louis seufzte. Es half nichts. Er musste wohl oder übel die Straße entlangfahren. Der Feldweg war zwar eine Abkürzung, aber auf dem matschigen Pfad würde er früher oder später ausrutschen und volle Kanne im Dreck landen.

Das Gelächter von Orkan und Alexander, wenn er schlammbespritzt am Treffpunkt ankäme, konnte er sich lebhaft vorstellen …

Louis schob sein Fahrrad zurück auf die

Straße. Genau in dem Moment, als er oben
ankam, rauschte ein Lastwagen vorbei.

Ein Schwall Wasser spritzte ihn pitschnass.

„So ein Mist!", fluchte Louis.

Er konnte ja nicht wissen, dass er heute
Nacht noch viel nasser werden sollte.

Der Deal

Am Schrottplatz angekommen, sprang Louis vom Fahrrad und lehnte es an die Laterne, die vor dem Eingang stand. Nur hier hatte er genug Licht, um die Zahlen an seinem Fahrradschloss erkennen zu können. Er ließ das Schloss einrasten und verdrehte die Ziffern. Dann richtete er sich wieder auf und sah sich um.

Unheimlich war es hier, so mitten in der Nacht und allein. Kein Wohnhaus weit und breit, nirgendwo ein Fenster, hinter dem Licht brannte. Nur Gewerbegelände mit breiten

Einfahrten, hier und da eine Laterne, die im Wind wackelte und ihr flackerndes Licht auf ein trostloses Stück Gehweg warf.

Komisch, wunderte sich Louis. Warum waren Orkan und Alexander noch nicht da? Er hatte doch länger gebraucht als geplant. Der Umweg über die Straße hatte ihn mindestens zehn Minuten gekostet!

Ein mulmiges Gefühl machte sich in ihm breit. Das Einzige, was ihm Vertrauen einflößte, war der blaue Container, der hinter dem *Autoannahme/Ersatzteile*-Schild lag. In ihm war das Büro seiner Mutter untergebracht.

Louis hatte sie schon oft in die Arbeit begleitet – immer, wenn sie samstags Dienst hatte. Dann nahm seine Mutter einen Picknickkorb mit, und sie kletterten in der Mittagspause über eine Leiter auf das flache Dach des Containerbüros. Sie setzten sich an den Rand

und ließen die Beine baumeln. Gemeinsam sahen sie der riesigen Kralle zu, die die Autowracks packte und in die Metallpresse warf. Louis liebte es, dabei zuzusehen, wie die Walze ganze Autos unter lautem Getöse zu Kleinteilen zermalmte, während sie gemütlich Limonade tranken und belegte Brote aßen.

Beim Gedanken an Mamas Sandwiches knurrte Louis der Magen. Sie machte die besten der Welt! Umso mehr schmerzte es ihn, dass Orkan und Alexander ihm seit Wochen ihr liebevoll zubereitetes Pausenbrot wegnahmen. Dabei hätte sich Alex doch jedes Pausenbrot der Welt leisten können!

Autoannahme/ Ersatzteile

„Och, ist ja herzallerliebst!“, hatte Orkan beim Anblick von Mamas Radieschen gehöhnt, die sie zu kleinen Röschen geschnitzt hatte.

Und Alexander hatte laut über die Banane gelacht, in die sie kleine Herzchen geritzt hatte.

„Du bist vielleicht ein Mamasöhnchen!“

„Na und? Bist du etwa nicht der Sohn deiner Mutter?“, hatte Louis entgegnet und war richtig erschrocken, wie wütend das Alexander gemacht hatte! Wie vom Blitz getroffen stand er da und lief puterrot an. Er hatte die Hände zu Fäusten geballt, bis das Weiß seiner Knöchel zu sehen war, und ihn gegen den Getränkeautomaten geschubst.

Louis sah in die Richtung, aus der die beiden eigentlich kommen mussten. Doch auf der verlassenen Straße war weit und breit nichts zu erkennen. Ihm fiel auf, dass vor dem

Maschendrahtzaun, der den Schrottplatz vom Fluss trennte, Sandsäcke aufgestapelt waren. Bestimmt sollten sie das Hochwasser abhalten.

Ob Orkan und Alexander von ihren Eltern erwischt worden waren? Oder hatten sie es sich anders überlegt?

Nein. Ausgeschlossen!

Drei Tage lang war Alexander nicht zum Unterricht erschienen, dann plötzlich war er wiederaufgetaucht – mit einer Halskrause um den Hals – und hatte ihn angefleht, sie mit auf den Schrottplatz zu nehmen.

Zunächst hatte Louis sich geweigert. Schließlich war es strengstens verboten, sich auf der Müllhalde herumzutreiben.

Doch dann hatte er die Idee mit dem Deal gehabt und angeboten, Orkan und Alex nachts auf den Schrottplatz zu führen, wenn keiner sie sehen konnte.

Louis klopfte auf die Tasche seiner Regenjacke, um sicherzugehen, dass Zettel und Stift noch an Ort und Stelle waren.

Aber vielleicht, dachte er jetzt, war der Deal doch keine so gute Idee. Mit Idioten machte man besser gar keine Geschäfte. Schon gar nicht nachts.

Auf einem Schrottplatz.

Bei Sturm.

Das Beste ist, ich fahre wieder nach Hause, dachte Louis.

Er drehte sich um, um sein Fahrrad aufzusperren.

Da plötzlich, wie aus dem Nichts, standen sie vor ihm …

Ein Porsche im Müllhaufen

„Wo bleibt ihr denn?", schoss Louis sofort los, um seinen Schreck zu verbergen. Er hatte die beiden überhaupt nicht kommen hören. Der nahe Fluss rauschte so laut wie eine sechsspurige Autobahn und verschluckte jedes Geräusch. „Ich hab schon gedacht, ihr kommt nicht mehr."

„Och, mein Süßer!" Orkan warf sein Fahrrad gegen das von Alex und strich Louis über den Kopf. „Hast du Sehnsucht gehabt? Jetzt sind wir ja da."

Mit schnellen Schritten ging Alex auf das

Eingangstor zu und rüttelte an der Klinke. „Na los! Sperr schon auf. Wir sind ja nicht zum Plaudern hier."

„Moment!" Louis griff in seine Tasche und zückte den vorbereiteten Zettel. „Ich mach's! Aber nur, wenn ihr …"

„Was'n das?" Orkan rupfte ihm den Zettel aus der Hand und las vor: „*Hiermit versprechen wir, dass wir Louis Düll in Zukunft in Ruhe lassen.*"

„Ein Vertrag?" Alexander begann zu kichern wie eine Hyäne. „Kann ich erst das Kleingedruckte lesen? Nicht, dass ich hinterher ein Abo für eine Pferdezeitschrift habe."

„Deal?" Louis hielt ihnen den Stift entgegen.

„Alter, wir sind Ehrenmänner." Orkan zerriss den Zettel vor seinen Augen und ließ die Fetzen wie Schnee in eine Pfütze rieseln. „Da muss ein Handschlag genügen. Oder glaubst du etwa, wir lügen?" Er packte Louis

an der Jacke und zog seinen Reißverschluss bis unters Kinn zu.

„Nein …“, stammelte Louis, auch wenn er die beiden ganz sicher nicht für Ehrenmänner hielt. Eilig schob er den Stift zurück in die Hosentasche und streckte Orkan seine Hand entgegen. „Dann lasst ihr mich in Zukunft in Ruhe?“

Fragend sah Orkan zu Alex.

„Na klar!“ Alex machte einen Schritt auf Louis zu und schlug ein. „Also los. Mach schon auf! Wir haben nicht die ganze Nacht Zeit.“

„Okay!“ Louis kramte den Schlüssel seiner Mutter aus der Tasche und steckte ihn ins Schloss. Quietschend öffnete sich die Tür. Gemeinsam traten sie aus dem Lichtkegel der Laterne auf den unbeleuchteten Schrottplatz. Erst als sich ihre Augen an die Dunkelheit gewöhnt hatten, konnten sie etwas erkennen.

„Boah, sind die riesig!", staunte Orkan beim Anblick der gigantischen Müllberge.

Links und rechts entlang des matschigen Schotterweges erhoben sich haushohe Hügel aus Altmetall, meterhohe Kabelhaufen, Berge aus Altreifen, Eisenteilen und Elektromüll. Autotüren waren wie Pfannkuchen aufgestapelt, bunte plattgedrückte Karosserien aufeinandergeschichtet wie Pullis in einem Schrank.

Alexander stöhnte. „Oh Mann. Sind das viele. Da können wir ja ewig suchen!"

„Was denn überhaupt?", erkundigte sich Louis.

„Den Porsche." Mit steifem Nacken drehte sich Alex zu ihm um. Die Halskrause ließ ihm kaum Bewegungsfreiheit.

„Welchen Porsche?"

„Na, den von meinem Vater."

Louis erschrak. Deshalb also trug Alex das Ding!

„Hattet ihr einen Unfall?"

Alexander versuchte zu nicken, was mit dem Schaumstoffring um seinen Hals kaum möglich war.

„Und du warst mit dabei?" Zum ersten Mal fühlte Louis so etwas wie Mitgefühl für Alexander, als ihm ein noch schrecklicherer Gedanke durch den Kopf schoss. „Ist deinem Vater etwas passiert?"

„Nee, der Porsche hat doch einen Airbag", mischte sich Orkan ein. Er sah Alexander an. „Schade, dass du deine Drohne nicht dabeihast. Mit der könnten wir jetzt den Schrottplatz absuchen."

„Hast du 'n Knall?" Alexander tippte sich an die Stirn. „Weißt du, wie teuer so ein Ding ist? Das ist viel zu gefährlich, die bei dem Wind fliegen zu lassen!"

„Aber wie sollen wir die Karre so finden?" Orkan klang eingeschnappt. „Der Schrottplatz ist riesig, und wir haben kaum Zeit." Er deutete auf eine schwarze Gewitterwand, die sich vor dem nachtblauen Himmel auftürmte.

Er hat recht, dachte Louis. Sie mussten sich beeilen.

„Seit wann steht der Porsche denn hier?", fragte er.

„Seit drei Tagen." Alex zuckte mit den Schultern. „Seit dem Unfall eben. War ja ein Totalschaden."

„Dann weiß ich, wo wir ihn finden", rief Louis. „Los, kommt mit!"

Er winkte die anderen hinter sich her und lief in die Gasse zwischen den Schrottbergen. Erst im Laufen fiel ihm ein, dass er gar nicht gefragt hatte, *warum* Alex den Porsche unbedingt finden wollte.

Schrott und Schredder

„Die neuen Autos stehen ganz hinten", rief Louis und führte die Jungs vorbei an einem Bagger mit riesiger Kralle. „Das dauert ein paar Tage, bevor sie hier im Schredder landen." Er deutete auf einen knallroten Container.

Orkan schnaubte: „Red keinen Mist! Das ist doch kein Schredder."

„Doch, klar!" Louis blieb stehen. „In dem Container sind Walzen. Die Baggerkralle wirft die Autos da rein, und dann werden sie durchgedreht wie durch einen Spitzer.

Hinterher kommen sie als Kleinteile wieder raus, und das Förderband spuckt sie auf den Haufen dort drüben." Er zeigte auf einen riesigen Haufen aus Schrottteilen, der am Ende eines Förderbands lag.

„Krass!" Staunend schob Alex mit der Schuhspitze ein paar Schrottteile auseinander. „Aber der Porsche war da noch nicht drin, oder?", fragte er besorgt.

„Glaub nicht." Louis schüttelte den Kopf. „Die Autos müssen erst demontiert und trockengelegt werden."

„Dämon...was?", fragte Orkan.

„De-montiert", wiederholte Louis. „Also, die Reifen werden abgemacht, die Sitze und Kabel ausgebaut, und meine Mama verkauft die guten Teile als Ersatzteile." Er zögerte.

Unsicher sah er die anderen beiden an und machte sich auf einen blöden Spruch gefasst.

Als keiner kam, erzählte er weiter: „Dann müssen noch alle Flüssigkeiten abgelassen werden. Öl und Benzin und so."

„Is klar", nickte Orkan, als wäre er plötzlich ein Fachmann. „Damit nichts explodiert."

„Genau", gab Louis ihm recht. „Am Ende bleibt nur die leere Hülle übrig. Und die kommt in den Schredder."

Über ihren Köpfen donnerte es.

Louis zuckte zusammen.

Aber der Blitz, der dem Donner vorausgegangen war, hatte nur den Horizont erhellt. Das Gewitter war also weit genug weg. Ein bisschen Zeit blieb ihnen noch.

Mit eingezogenen Köpfen liefen sie weiter. Vorbei an noch mehr Containern und fein säuberlich sortierten Schrottteilen. Orkan kicherte und zeigte auf einen Berg Kloschüsseln.

Als sie bei den neu angelieferten Wagen

ankamen, streiften sie suchend durch die Reihen.

„Welche Farbe hat der Porsche von deinem Vater denn?", erkundigte sich Louis.

„Rot."

„Und warum suchst du ihn?"

„Hab was im Auto vergessen", nuschelte Alexander.

„Was denn?", fragte Orkan, der offensichtlich auch nicht eingeweiht war. Sein schwarzer Haarschopf tauchte hinter einem grünen Mazda auf, dessen Kühlerhaube völlig zerbeult war.

„Einen Brief", murmelte Alexander.

Orkan grinste breit. „Einen Liebesbrief?"

„Ach, halt die Klappe!"

Louis verkniff sich ein Lächeln. Er genoss es, dass Alex auch mal Orkan zurechtwies. Um seine Schadenfreude zu verbergen, duckte er sich hinter einen Sportwagen, dessen Rückspiegel nur noch an einem Kabel aus der Karosserie baumelte. Der Wagen war rot, das Seitenfenster zerbrochen, viele kleine Glassplitter lagen auf dem ledernen Beifahrersitz. Hinter den Vordersitzen sah Louis zwei kleine Notsitze.

Sein Blick wanderte zu den Felgen. Bingo! Er erkannte das goldene Wappen, in dessen Mitte sich ein schwarzes Pferd aufbäumte. Über dem Pferd stand *STUTTGART*. Und darüber: *PORSCHE*.

Totalschaden

„Ich glaub, ich hab ihn!" Louis winkte die Jungs zu sich.

„Ja, das ist er!" Aufgeregt rüttelte Alexander an der Fahrertür. Aber sie klemmte wie eine rostige Keksdose. Erst als Orkan ein Bein gegen die Karosserie stemmte und mit beiden Händen am Griff zog, sprang sie mit einem scharrenden Geräusch auf.

„Krass, ich saß noch nie in einem Porsche!" Orkan legte den Sitz um und kletterte auf einen der winzigen Rücksitze, während er Alex den Fahrersitz überließ.

Louis bückte sich und sah durch das kaputte Beifahrerfenster. Das Glas war fast komplett herausgebrochen, nur am Rand hingen noch ein paar Stückchen der zersplitterten Scheibe.

Ein weiterer Blitz durchzuckte den Nachthimmel und tauchte für einen Moment alles in ein bläuliches Licht. Louis erkannte die schlappen Hüllen der aufgegangenen Airbags, die am Lenkrad und an den Seitentüren baumelten.

In der Ferne grollte der Donner wie ein hungriger Troll. Besorgt sah Louis zum Himmel hoch.

„Beeilt euch!", rief er ins Wageninnere. Er wollte keine Sekunde länger als nötig auf dem Schrottplatz verbringen. Gefährlich war es hier und unheimlich! Und was, wenn seine Mutter aufwachte und nach ihm sah? Louis war sich nicht sicher, ob sie auf den Trick mit der Wolldecke hereinfallen würde.

Alex zog das Handschuhfach auf und wühlte dort nach dem Brief.

Louis öffnete die Beifahrertür, ließ sich auf den Sessel gleiten und sah im Seitenfach nach. Doch außer einem alten Eiskratzer und einer Parkscheibe fand er nichts.

„Guck mal in der Tasche am Fahrersitz nach", forderte Alex Orkan auf, nachdem er im Handschuhfach nicht fündig geworden war. Aber anstatt sich auf die Suche zu machen, lehnte sich Orkan nur von hinten über die Sitze und fragte: „Wie ist denn der Unfall eigentlich passiert?"

Alex zögerte einen Moment.

Er wirkte unschlüssig, ob er Orkan anmaulen oder antworten sollte. „Boah", ächzte er schließlich betont lässig, „das war so krass, Leute! Auf der Autobahn hat es total geschüttet. Obwohl mein Vater die Scheibenwischer auf Turbo geschaltet hat, hat man fast nichts gesehen." Alex ergriff das Lenkrad und tat so, als würde er fahren. „Plötzlich hat uns so ein Idiot rechts überholt. Er ist in einer großen Pfütze ins Schleudern gekommen und direkt vor uns an die Leitplanke geknallt."

„Krass!" Klatschend schlug Orkan eine Faust in die Hand und machte mit den Lippen das passende Geräusch.

„Mein Vater hat sofort das Lenkrad herum-gerissen", fuhr Alexander fort und spielte die Situation nach. Mit beiden Händen zog er das Lenkrad nach rechts und beugte sich dabei weit zu Louis auf den Schoß.

Orkan ahmte die quietschenden Reifen nach, als wäre der Unfall bloß eine Szene aus einem Actionfilm.

„Der Porsche hat sich gedreht wie ein Kreisel!", rief Alex und hängte sich wieder nach links. „Er ist mit dem Heck am anderen Wagen hängen geblieben ..."

„Crrräsch!", kam es vom Rücksitz.

„… und auf dem Seitenstreifen stehen geblieben!" Alex sah sie bedeutungsvoll an. „Totalschaden! Der Porsche hat ja den Motor hinten." Er grinste. „Aber weil wir nicht schuld sind, bekommt mein Vater einen fetten Batzen Geld – Schadensersatz für den Wagen und weil wir beide ein Schleudertrauma haben." Alex deutete auf die Krause um seinen Hals. „Deshalb muss ich jetzt diesen schicken Schal hier tragen. Aber das mache ich doch gern. Immerhin hat mein Vater mir zum Trost die Drohne gekauft. Und er kriegt von dem Geld einen neuen Wagen."

„Wo ist denn nun der Brief?", fragte Louis ungeduldig und klappte die Sonnenblende herunter. Ein Schlüssel fiel ihm entgegen.

„He!", brüllte Orkan ihm ins Ohr. Sein Arm schnellte nach vorn und grapschte ihm den Schlüssel aus dem Schoß. „Das ist bestimmt der Ersatzschlüssel." Er reichte ihn Alex. „Na los! Probier mal, ob der Motor noch geht."

Mit großen Augen sah Alex ihn an.

„Das wär ja cool!", sagte er wenig überzeugend, steckte aber doch den Schlüssel ins Schloss. Sofort sprang der Scheibenwischer an. Ruckelnd quietschte er über die Frontscheibe. Louis wurde mulmig zumute. Aber er wollte jetzt kein Spielverderber sein. Und schon gar kein Feigling.

„Du musst ihn weiter rumdrehen!", befahl Orkan von hinten.

Alexander drehte den Zündschlüssel weiter herum. Der Motor sprang an und erstarb sofort wieder. Dabei hoppelte der Wagen nach vorn wie ein Hase.

Erschrocken hielt Louis sich am Seitengriff fest.

„Du musst die Kupplung treten, Alter!"

Orkan griff von hinten nach dem Schaltknüppel und zog ihn in den Leerlauf. „Oder
den Gang rausnehmen."

Erneut drehte Alex den Zündschlüssel
herum. Diesmal sprang der Wagen ohne
Probleme an.

„Cool!" Orkan und Alex klatschten sich ab.
Dann hielt Orkan seine Hand Louis entgegen.

„Ja, cool!", nickte Louis und schlug ein.

Alex gibt Gas

Louis konnte sich nicht mehr daran erinnern, wann er das letzte Mal in einem Auto gesessen hatte. Seine Mutter besaß keins, und so fuhren sie die meisten Strecken mit dem Rad. In die Schule. Ins Fußball-training. Zum Einkaufen. Oder zum Schrott-platz.

Aber eines wusste Louis ganz sicher: Noch nie hatte er in einem Auto mit einem Jungen am Steuer gesessen.

Mit gemischten Gefühlen beobachtete er, wie Alex das Licht einschaltete. Ein einzelner

Lichtstrahl flammte auf und durchschnitt die Dunkelheit wie ein Laserschwert.

„Immerhin – ein Scheinwerfer geht noch", sagte Alexander zufrieden und spähte über das Lenkrad hinweg auf den matschigen Weg vor der Kühlerhaube.

Der Schotterweg war von Schlaglöchern durchsetzt wie ein Emmentaler. Das Regenwasser, das sich darin gesammelt hatte, schimmerte ölig.

„Fahr mal ein Stück!", forderte Orkan ihn auf.

„Spinnt ihr?", entfuhr es Louis. Rasch schob er, um nicht wie ein Angsthase zu wirken, hinterher: „Der Porsche ist doch nur noch Schrott."

„Umso besser, dann kann nichts mehr kaputtgehen." Lachend stupste Orkan Alexander an. „Na los, mach schon!"

„Wie denn?", fragte Alex. Abwechselnd trat

er auf die Pedale im Fußraum. Erst auf das linke, dann auf das mittlere, dann auf das rechte. Bei den ersten beiden tat sich rein gar nichts. Beim rechten fauchte der Motor auf wie ein Ungeheuer, dem man aus Versehen auf den Schwanz getreten war.

Erschrocken zog Alex sein Bein wieder zurück.

Das Ungeheuer beruhigte sich.

„Nicht so." Orkan schob seinen Oberkörper zwischen den Vordersitzen hindurch und deutete auf das linke Pedal. „Mit dem linken Fuß trittst du die Kupplung durch, und den Schaltknüppel stellst du auf 1."

Konzentriert folgte Alexander seinen Anweisungen, während Louis fragte: „Woher weißt du denn, wie das geht?"

„Von meinen Brüdern", antwortete Orkan und wandte sich wieder an Alex: „Okay, und jetzt geh wieder runter von der

Kupplung und gib mit dem rechten Fuß Gas. Aber langsam! Sonst stirbt dir wieder der Motor ab."

Vorsichtig hob Alexander den linken Fuß und drückte gleichzeitig mit dem rechten Fuß auf das Gaspedal. Wieder jaulte der Motor auf. Diesmal noch lauter.

„Mist!" Alexander schwitzte.

„Nicht so viel. Nur ganz leicht", riet Orkan.

Alexander versuchte es noch einmal. Langsam setzte sich der Wagen in Bewegung. Er ruckelte ein paar Meter weit, als plötzlich ein schepperndes Geräusch erklang.

Louis setzte sich kerzengerade auf und beugte sich aus dem Fenster.

„Was ist das?", rief Alexander, ohne den Blick vom Weg zu nehmen.

Orkan lachte. „Wahrscheinlich der Auspuff. Der ist sicher abgerissen und schleift jetzt am Boden. Das ist einem meiner Brüder auch schon mal passiert. Fahr einfach weiter."

Alex nickte ernst.

Er schlug das Lenkrad ein und folgte der Kurve, die der Schotterweg machte. Langsam nahm der Wagen an Fahrt auf.

Louis entspannte sich. Orkan hatte recht. Was konnte schon passieren? Der Porsche war sowieso nur Schrott! Er lehnte sich in den Sitz zurück. Sanft wehte der Wind durch das offene Fenster und kühlte ihm das heiße Gesicht. Alex fuhr vorsichtig und ruhig. Und auf einmal fühlte sich alles ganz leicht an. Als würden sie nur einen Ausflug machen. Als würde die Welt ihnen gehören. Ein Glucksen stieg in Louis' Bauch auf, kullerte den Hals nach oben und purzelte als Lacher aus seinem Mund.

Alexander sah zu ihm herüber und lachte mit.

Und dann lachten sie alle drei.

Die Nacht explodiert

„Schneller!", rief Orkan.

Alex gab Gas. In einer Linkskurve rammte er eine alte Waschmaschine, der er nicht rechtzeitig ausweichen konnte. Mitten im Fahren verloren sie einen Kotflügel.

„Bye-bye!" Orkan sah aus dem Rückfenster und winkte dem Blechteil hinterher. „Wir brauchen dich eh nicht mehr."

Louis lachte. Übermütig streckte er ein Bein aus dem Fenster und trat auch den kaputten Seitenspiegel ab.

„Ja, gib's ihm!", feuerte Alex ihn an.

Da explodierte wie aus dem Nichts etwas über ihren Köpfen. Ein scheppernder Knall erklang. Ein Blitz durchzuckte den Nachthimmel. Für Millisekunden blieb er am Firmament stehen und beleuchtete den Schrottplatz wie Flutlicht.

Alex zuckte zusammen, als hätte er einen Stromschlag bekommen. Sein Fuß rutschte vom Gaspedal. Schlagartig verlor der Wagen an Geschwindigkeit.

„Gang raus!", brüllte Orkan.

Aber es war zu spät. Der Porsche verschluckte sich, bockte wie ein störrischer Esel, sprang ein paar Meter nach vorn und kam schließlich holpernd zum Stehen. Der Motor starb ab. Der Scheinwerfer erlosch.

Kurz blieb alles stockdunkel, bis ein weiterer Blitz den Himmel zerhackte. Metallisch klingende Donnerschläge brachten den Schrottplatz zum Klingen. Von einer Sekunde

auf die andere begann es zu schütten, als hätte der Himmel alle seine Schleusen auf einmal geöffnet. Laut dröhnend prasselte der Regen auf das Autodach, trommelte auf die Windschutzscheibe und griff mit nassen Fingern durch das offene Beifahrerfenster nach Louis' Arm.

Wie gelähmt saßen die Jungs in ihren Sitzen und betrachteten das Spektakel. So ein Gewitter hatte Louis noch nie erlebt! Und es war genau über ihnen. Krachend entluden sich weitere Blitze und tauchten den Schrottplatz in grellweißes Licht.

„Mach mal den Scheibenwischer an!", forderte Louis Alex auf.

Mit klammen Fingern fummelte Alex am Zündschlüssel herum. Er drehte an einem Hebel. Langsam setzte sich der Scheibenwischer in Bewegung. Auch der Scheinwerfer flammte wieder auf. Sein einsamer Strahl drang kaum durch den Vorhang aus Regen. Doch jedes Mal, wenn es blitzte, lag die Müllhalde in unglaublicher Schärfe vor ihnen.

Louis' Blick fiel auf den Maschendrahtzaun, vor dem der Wagen zum Stehen gekommen war. Er staunte. Binnen Minuten hatte der Platzregen das Gelände in eine gurgelnde und schäumende Schlammwüste verwandelt.

„Was, wenn uns ein Blitz trifft? ", fragte Orkan. Seine Stimme klang ungewöhnlich dünn.

„Kann nicht passieren", sagte Louis ruhig. „Das Auto ist ein faradayscher Käfig."

„Ein was?", fragte Alex.

„Ein faradayscher Käfig", wiederholte Louis. Das hatte ihm seine Mutter erklärt, bei einem ihrer Picknicks auf dem Dach. „Wenn der Blitz in ein Auto einschlägt, wandert der elektrische Strom einfach über einen drüber. In einem Auto ist man geschützt." Hoffte er

zumindest. Louis war sich nicht sicher, was passierte, wenn eines der Fenster kaputt war. Konnte der Strom durch das offene Fenster ins Innere dringen, so wie der Regen? Sicherheitshalber rückte er ein wenig zur Mitte. „Ich glaub, wir haben ein ganz anderes Problem", sagte er und deutete auf den Maschendrahtzaun. Schmutzig braunes Wasser sickerte durch die aufgestapelten Sandsäcke. An einigen Stellen noch als Rinnsale, an anderen war es bereits zu Bächen angeschwollen. „Hoffentlich halten die ", sagte Louis, als bereits eine erste Woge über die Säcke hinwegschwappte. Eine zweite, größere, schob sie auseinander wie Bauklötzchen.

Stumm starrten die drei auf den Sturzbach, der sich vom Fluss her über den Schrottplatz ergoss. Kurz darauf begannen sie gleichzeitig zu schreien.

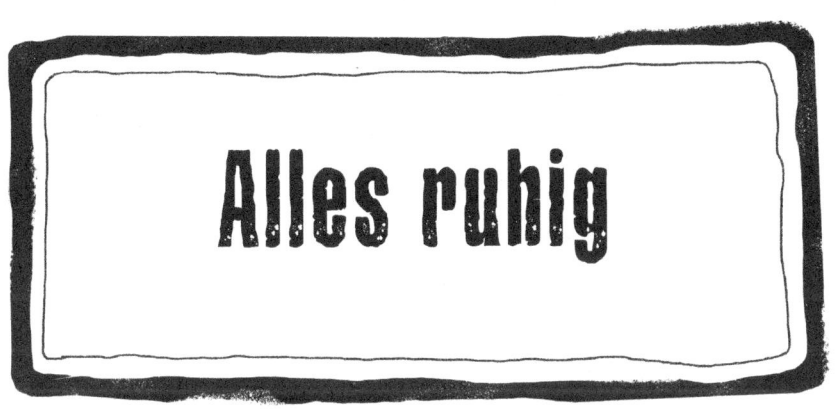

Alles ruhig

Louis' Mutter war auf einmal hellwach. Im Dunkeln setzte sie sich auf und lauschte. Eine Windböe fegte ums Haus und zog das gekippte Fenster zu, nur um es im nächsten Moment wieder aufzustoßen.

Frau Düll schlug die Decke zurück und stand auf. Besser, sie schloss das Fenster. Sicher brachte der Wind bald auch den angekündigten Regen. Erste Tropfen platschten bereits gegen das Dach.

Kaum hatte sie das Fenster geschlossen, war es um einiges ruhiger. Zu ruhig?

Aufmerksam lauschte sie in die neu entstandene Stille hinein. Auch wenn sie nicht sagen konnte, warum – irgendwie beschlich sie ein ungutes Gefühl.

Barfuß tapste Louis' Mutter aus dem Schlafzimmer. Sie lief den Flur entlang und spähte ins Kinderzimmer.

Sie atmete auf. Alles in Ordnung. Louis lag friedlich schlafend in seinem Bett.

In der Schlammgrube

Die Mauer aus Sandsäcken sah aus wie ein Maul voller Zahnlücken. Alle paar Meter klaffte ein Spalt, aus dem Wasser sprudelte wie Blut aus einer offenen Wunde. An der Kühlerhaube des Porsches teilte sich der Strom und floss links und rechts am Wagen vorbei – und da Fenster und Kotflügel auf der Beifahrerseite fehlten, auch in ihn hinein!

Der Weg zwischen den Schuttbergen hatte sich in einen reißenden Fluss verwandelt.

„Wir gehen unter!", schrie Alexander und starrte auf die schmutzige Brühe, die ihre Füße und bald schon ihre Knie umgurgelte. Louis' Gummistiefel liefen voll Wasser.

Auf einmal tat es einen Rums!

Sie schrien auf.

Das schlammige Wasser, das den Wagen umspülte, schob ihn ein paar Meter weiter, als wäre er nur ein Spielzeugauto.

Louis hielt sich am Seitengriff fest.

„Wir sinken!", schrie Orkan und versuchte den Fahrersitz nach vorn zu klappen, obwohl Alexander noch draufsaß.

Louis sah zur Seite. Orkan hatte recht. Immer stärker neigte sich der Wagen und versackte. Schon presste die Schieflage Louis gegen die Tür. Schlamm quoll wie Brei durch das kaputte Fenster. Der Porsche musste in einer Grube gelandet sein.

„Wir müssen hier raus!", schrie Louis Alex

an, der auf seinem Sitz verharrte wie ein hypnotisiertes Eichhörnchen. „Na los, mach deine Tür auf, bevor es zu spät ist." Er packte Alex an der Schulter und schüttelte ihn.

Endlich schien Alex aufzuwachen. Er drehte sich um und versuchte mit beiden Händen die Fahrertür aufzustoßen. Doch das Wasser drückte von außen dagegen. Rhythmisch klatschten die Wellen gegen das Blech. Die steigenden Fluten umspülten das Auto so tosend, dass Alex gegen sie keine Chance hatte. Die nächste Woge schwappte bereits über das Auto hinweg.

Wimmernd ließ Alex seinen Kopf auf das Lenkrad sinken.

„Lass mich hier raus!" Orkan rüttelte weiter am Fahrersitz. Seine Stimme klang weinerlich.

Louis wunderte sich: Orkan war doch sonst immer der Mutigste und Stärkste. Und jetzt begann er als Erster zu heulen?

Du musst dir was einfallen lassen!, dachte er. Auf die anderen beiden ist kein Verlass.

Aber Louis konnte keinen klaren Gedanken fassen. Das ging alles so schnell!

Viel zu schnell!

Schon steckte der Porsche so schräg im Schlamm, dass Alex nicht mehr neben ihm saß, sondern über ihm.

Erst mal durchatmen, dachte Louis. Das sagte seine Mutter, wann immer irgendwo ein Problem auftauchte. In Panik kann man nicht denken und schon gar nicht handeln.

Aber so ein Problem hat sie auch noch nie gehabt!, dachte Louis. Bei dem die Zeit drängt, weil man sonst ertrinkt. Wie sollte man da bitte schön ruhig bleiben?

Trotzdem versuchte er es.

Meine Tür steckt im Schlamm, überlegte er, die lässt sich nicht öffnen. Und Alex' Tür auch nicht, weil der Wasserdruck zu groß ist. Die Fenster!

Natürlich!

Das war der einzige Ausweg. Seines war im Schlamm versunken. Aber das von Alex …

„Mach dein Fenster auf!", brüllte er ihn an. „Schnell! Wenn die Elektronik ausfällt, geht es nicht mehr."

Alex starrte ihn mit kreisrunden Augen an wie ein Koboldmaki. Wie in Zeitlupe drehte er sich um und drückte auf den Fensteröffner. Surrend senkte sich die Scheibe. Sofort strömte eiskaltes Wasser ins Wageninnere. Aber das war jetzt egal. Louis jubelte. Bis das Fenster stehen blieb. Und sein Herz ebenfalls. Die Scheibe war nur zur Hälfte herunter-gefahren, als die Elektronik plötzlich streikte.

„Kletter raus!", forderte er Alex auf und hoffte, dass der Spalt ausreichte. Alexander war eigentlich schlank genug. Und er selber auch. Aber Orkan? Louis sah zu ihm nach hinten.

Orkan war um einiges dicker. Wie ein Riesenbaby saß er bis zu den Schultern im Wasser und weinte.

Auf dem Panzer der Schildkröte

Auf einmal hatte es Alexander richtig eilig. Er klammerte sich mit beiden Händen am Autodach fest und schlängelte sich nach draußen wie ein Aal.

Kaum sah Louis seine Turnschuhe aus dem Fenster verschwinden, griff er nach dem Lenkrad. Er zog sich daran hoch, stemmte seine Füße gegen den Schaltknüppel und zwängte sich ebenfalls aus dem Fenster. Dann stellte er die Beine in die Fensteröffnung und hüpfte ein paarmal auf und ab, um die Scheibe mit seinen Gummistiefeln weiter in den Türrahmen zu treten, bis der Spalt breit genug für Orkan war.

„Gib mir deine Hand!" Louis streckte seinen freien Arm ins Wageninnere und tastete darin herum. Er bekam den Sitzhebel zu fassen und klappte den Sitz nach vorn.

Sofort schoss Orkan ihm entgegen. Louis packte ihn an der Kapuze seines Hoodies und schaffte es, ihn aus dem Auto zu zerren, obwohl das Wasser wie wild um sie herumgurgelte. Schlammverschmiert krochen sie auf das Autodach, wo sie atemlos sitzen blieben.

„Wo ist Alex?", bibberte Orkan.

„Keine Ahnung." Besorgt sah Louis sich um.

Weit und breit war nichts von Alex zu sehen. Um sie herum war nur Dunkelheit, die sie einhüllte wie eine muffige Filzdecke.

Selbst der Scheinwerfer, der eben noch müde durch das trübe Wasser geleuchtet hatte, erlosch. Die Blitze flimmerten nicht mehr über ihnen, sondern weit entfernt am Horizont. Der Donner war bloß mehr ein dumpfes Grollen. Das Gewitter war weitergezogen. Nur der Regen prasselte unaufhörlich auf ihre Köpfe nieder. Aber das war Louis egal. Nasser konnten sie ohnehin nicht mehr werden.

Hauptsache, wir sind in Sicherheit, dachte er. Aber wie lange noch? Das Wasser stieg und stieg. Irgendwann würde es das Auto verschluckt haben.

Eng aneinandergekauert saßen Orkan und er auf dem Autodach, das noch ein paar Handbreit aus dem schmutzigen Wasser ragte. Louis kam sich vor, wie auf dem Panzer einer Schildkröte. Düster und drohend erhoben sich die Schrottberge neben ihnen. Sie waren kaum von den schwarzen Wolken zu unterscheiden, die sich darüber auftürmten.

Immer mehr Schrottteile lösten sich von den Halden und trieben im schlickigen Wasser. Schwere Trümmer stießen aneinander und verursachten einen unheimlichen, metallischen Klang.

Plötzlich ging ein Ruck durch den Wagen. Der Porsche sank noch ein Stück tiefer.

Orkans Finger gruben sich schmerzhaft in Louis' Arm. „Wir müssen hier runter!", schrie er entsetzt auf. „Lass uns auf die Schrottberge klettern."

„Keine gute Idee", widersprach Louis ruhig. „In den Haufen sind lauter scharfkantige Metallteile. Da verletzen wir uns nur."

Er stellte sich auf das Autodach und sah sich nach einer anderen Lösung um. Vielleicht konnten sie irgendwen zu Hilfe rufen? Aber nirgends gab es das kleinste Lebenszeichen. Nur die Laterne neben dem flachen Container leuchtete schwach durch die dunkle Nacht.

Louis sah sein Fahrrad, das noch immer
am Laternenpfosten lehnte, so wie er es dort
abgestellt hatte. Das Gelände dort schien
trocken geblieben zu sein.

„Wir müssen zum Container ", sagte er.
„Das ist unsere einzige Chance."

„Zum Container?" Orkan kniete sich auf
alle viere. Er fasste nach Louis' Regenjacke
und zog sich daran hoch. Mit zittrigen Beinen
stellte er sich neben ihn und starrte auf die
reißenden Wassermassen. „Aber wie sollen
wir da rüberkommen?"

Auf drei!

„Wir schwimmen!", entschied Louis.

„Bist du übergeschnappt?" Orkan japste. „Da treiben wir ja voll ab."

Louis nickte. Das konnte passieren. Aber hatten sie eine Wahl?

„Selbst wenn", beruhigte er Orkan. „Der Container liegt ja stromabwärts. Theoretisch sollten wir also direkt auf ihn zutreiben."

„Theoretisch?" Orkan schüttelte den Kopf. „Du bist lebensmüde."

„Oder du!" Louis deutete auf das Autodach. Wie eine kleine Insel ragte der Wagen aus den tosenden Fluten. „Früher oder später versinkt der Porsche im Schlamm. Hier können wir nicht bleiben." Louis setzte sich und rutschte über die Windschutzscheibe auf den Kofferraumdeckel, der beim Porsche vorne lag. Er streifte seine Regenjacke und die Gummistiefel ab und warf sie ins Wasser. Das Ölzeug war viel zu steif, um damit schwimmen zu können. Vollgelaufene Stiefel würden wie Bleigewichte an seinen Füßen hängen und ihn nach unten ziehen.

„Komm schon!" Louis drehte sich auf den Bauch und ließ sich ins Wasser gleiten. Mit allen zehn Fingern klammerte er sich am Frontspoiler fest.

Orkan schnaubte ergeben. Er ließ sich auf seinen Hintern plumpsen und rutschte breitbeinig vom Autodach. Einen Augenblick lang blieb er auf dem Kofferraumdeckel sitzen, über dem hüfthoch das Wasser stand.

Dann wälzte er sich stöhnend auf den Bauch und ließ sich neben Louis ins Wasser gleiten.

„Gut gemacht!", lobte Louis.

„Und jetzt?" Ängstlich sah Orkan ihn an.

„Moment." Louis sammelte sich.

Das Wasser zog und zerrte an ihren Hosenbeinen. Fast wie im Strömungskanal, dachte Louis. Nur dass das Wasser nicht klar und sauber war wie im Schwimmbad, sondern vor Dreck strotzte und mit gefährlichen Gegenständen gespickt war.

Louis sah, wie ein alter Kochtopf an Orkans Kopf vorbeitrieb, ein Eisenrohr schlug Louis unsanft gegen die Schulter. Auf einmal war er sich nicht mehr so sicher, ob sein Vorhaben eine gute Idee war. Was, wenn sie ein größerer Gegenstand traf? Ein Heizkörper oder eine Autotür.

Minutenlang hing Louis am Spoiler und

traute sich nicht, loszulassen. Er musste an seine Mutter denken. In wenigen Stunden würde sie in sein Zimmer kommen. Sie würde die Vorhänge aufziehen und sich an sein Bett setzen, um ihm wie jeden Morgen durch die Haare zu wuscheln und den Rücken zu kraulen, und dann nichts als eine zusammengerollte Wolldecke vorfinden …

Louis kämpfte mit den Tränen.

Nein, das durfte nicht passieren! Er musste wieder zu Hause sein, bevor seine Mutter aufwachte. Er schluckte die Tränen hinunter und sah Orkan an, der neben ihm zappelte wie ein Fisch.

„Auf drei!", rief er und begann zu zählen: „Eins, zwei …

… drei!"

Louis ließ los.

Sofort riss ihn die Strömung mit. Er wurde untergetaucht, kämpfte sich wieder nach oben und spuckte hustend das Wasser aus seiner Lunge.

„Schwimm schräg zum Strom", rief er Orkan zu, ohne sich nach ihm umzudrehen. „Dann treibt uns die Strömung direkt zum Container." Er machte ein paar kräftige Züge und schwamm voraus.

Immer wieder spürte er, wie Gegenstände an seinen Körper stießen. Kabel verfingen sich in seinen Armen. Metallteile stießen an seine Knie. Eine Reifenfelge streifte seine Schulter. Eine Waschmaschine trieb zum Glück etwas weiter entfernt an ihnen vorbei. Den Zusammenstoß hätten sie womöglich nicht überlebt.

„Gleich haben wir es geschafft!", rief Louis Orkan aufmunternd zu. Er streckte seinen rechten Arm aus, nach der Leiter, die an der Seitenwand des Containers befestigt war. Nur noch ein knapper Meter trennte ihn von ihr, und er trieb genau auf sie zu. Da erfasste ihn plötzlich eine eiskalte Unterströmung. Louis schrie. Sie packte ihn am Knöchel und zog ihn wieder weg.

Weg vom Container.

Weiter Richtung Fluss.

Orkans Rettung

Schreiend trieb Louis am Container vorbei, bis ein harter Gegenstand seinen Körper unsanft stoppte. Instinktiv klammerte er sich daran fest. Seine Hände umfassten etwas Raues. Was war das?

Rinde?

Louis hob den Kopf aus dem Wasser und schleuderte die Haare aus dem nassen Gesicht. Wo war er? Sein Blick wanderte nach oben. Das schlammige Wasser brannte in seinen Augen.

Ja! Louis jubelte. Er war am einzigen Baum

hängen geblieben, der auf dem ganzen Gelände stand. Ein mickriger Holunder, mehr Busch als Baum, der den brausenden Fluten tapfer standhielt.

Louis schob seinen rechten Fuß in die Astgabel und zog sich hoch. Kaum hob er seinen Körper aus dem Wasser, bog sich der dünne Holunder unter seinem Gewicht durch. Louis spürte die Schwere der nassen Klamotten. Er hatte den Eindruck, doppelt so viel zu wiegen wie sonst.

Besorgt sah er sich nach Orkan um. Hatte er es geschafft? Hatte Orkan die Leiter erreicht? Dann konnte er über den Container auf die Straße gelangen und endlich Hilfe holen.

Aber auf dem Container war niemand. War Orkan auch abgetrieben worden? Und wo steckte Alex?

Louis fröstelte. Hatte er etwa beide verloren?

Beunruhigt ließ er seinen Blick über den düsteren Schrottplatz schweifen, bis hin zum Porsche, an dessen Frontspoiler immer noch ein Schatten hing. Orkan war ihm gar nicht gefolgt!

Louis sicherte seinen Stand und legte die Hände um seinen Mund.

„Lass los!", schrie er, so laut er konnte. „Das schaffst du! Du bist viel stärker als ich. Schwimm rüber zum Container und hol Hilfe!"

Louis sah, wie der Schatten ins Wasser plumpste. Endlich hatte Orkan sich getraut! Kaum jedoch hatte er den Frontspoiler losgelassen, trugen ihn die Fluten mit sich. Louis erschrak. Orkan machte nicht einmal Schwimmbewegungen! Hilflos zappelnd trieb er im Wasser. Am Container vorbei. Auf den Holunderbaum zu.

„Hilfe!", schrie Orkan, bevor er blubbernd versank.

Louis kletterte ein Stück nach unten und bückte sich. Als Orkan an ihm vorbeitrudelte, bekam er im letzten Moment seinen schwarzen Haarschopf zu fassen. Louis vergrub seine Finger darin und zog ihn zu sich.

Spuckend und hustend schlang Orkan seine Arme und Beine um den Baum. Louis musste kichern, obwohl die Situation alles andere als lustig war.

„Du siehst aus wie ein Koalabär."

„Sehr witzig", schimpfte Orkan und schob sich ein Stück nach oben. „Lange kann ich mich so aber nicht halten."

„Stell dich zu mir in die Astgabel."

Orkan sah hoch. „Da ist kein Platz für zwei."

„Stell dich einfach auf meine Füße!"

Ächzend schob Orkan sich weiter nach oben. Er quetschte sich zu Louis in die Astgabel und krallte sich an den Ästen fest.

Eng aneinandergepresst, einen Meter über dem reißenden Fluss, harrten sie aus.

Louis biss die Zähne zusammen. Er hatte nur Socken an. Und Orkan war nicht gerade ein Leichtgewicht.

„Weißt du was?", keuchte Orkan, nur Millimeter vor Louis' Gesicht. „Du bist echt okay."

„Freut mich, dass du das auf einmal so siehst." Louis war erleichtert, dass Orkan so kleinlaut war. Immerhin klebten sie aneinander wie Toastscheiben. Und wie es aussah, mussten sie es noch eine Weile miteinander aushalten.

„Was ist das?" Orkans Stimme klang plötzlich panisch.

„Was meinst du?" Louis sah nach unten, wo das Wasser immer noch anstieg.

„Da ist was, in meinem Gesicht. Aber ich kann's nicht wegwischen, sonst fall ich runter."

Louis sah Orkan an. Aber es war zu dunkel, um irgendetwas erkennen zu können.

„Da ist nichts."

„Doch! Ich spür's ja", wimmerte Orkan. „Da krabbelt was. Und es sticht! An meinen Händen. Und überall im Gesicht."

Louis wartete ein Wetterleuchten ab.

Als das nächste Mal in der Ferne Blitze zuckten und die Wolken hell aufschienen, erschrak er.

Orkans Gesicht war über und über mit schwarzen Pünktchen übersät.

Ameisen

„Das sind nur Ameisen", beruhigte ihn Louis.

„Nur?!" Orkan schnitt Grimassen, um die Tiere abzuschütteln. Er verzerrte den Mund, pustete auf seine eigenen Backen und spitzte die Lippen, als wollte er Louis küssen.

Schließlich löste er doch eine Hand vom Ast und streifte sich über die Wangen. Durch die Bewegung geriet er in Schieflage. Der Druck auf Louis' Füße verstärkte sich.

„Autsch! Was machst du denn da?"

„Die pinkeln mir ins Gesicht!"

„Die tun dir doch nichts." Louis pustete für

Orkan ein paar Ameisen von der Stirn, ohne die eigenen Hände von den dünnen Zweigen zu nehmen. „Die haben sich eben auch auf den einzigen Baum geflüchtet."

„Mein Mitleid hält sich in Grenzen!" Orkan schnaubte verächtlich und spähte in die Dunkelheit unter ihnen, um nachzusehen, ob sich noch mehr seltsame Tiere zu ihnen auf den Baum flüchten wollten. Die Astgabel schwankte gefährlich.

„Halt jetzt still!", mahnte Louis.

„Das Wasser steigt immer noch", stellte Orkan besorgt fest. „Dabei hat es doch aufgehört zu regnen."

„Wahrscheinlich ist irgendwo ein Damm gebrochen", vermutete Louis und erinnerte sich an die Spätnachrichten, die davor gewarnt hatten. Es schien eine Ewigkeit her zu sein, dass er im Flur gesessen und heimlich mit ferngesehen hatte.

Wie angekündigt, wurde nun auch der Wind stärker. Heftige Böen heulten in den Zweigen, der kleine Baum schwankte bedrohlich hin und her. Es war schwierig, nicht den Halt zu verlieren.

„Hilfe!", schrie Orkan.

Sinnlos, dachte Louis, sagte aber nichts, um Orkan nicht noch mehr zu ängstigen.

Der Schrottplatz lag fernab von allem. Außerdem war es mittlerweile mindestens drei Uhr früh. Bei diesem Unwetter und um diese Uhrzeit wagte sich wohl kaum einer nach draußen. Schon gar nicht verirrte sich einer ins Gewerbegebiet. Nicht mal ein Gassi-Gänger, da war sich Louis sicher.

Und selbst wenn – der Sturm war viel zu laut. Bis zum Tor würden ihre Stimmen nicht tragen, ganz egal, wie laut sie brüllten.

„Ich will nach Hause." Orkan begann zu weinen. Er schlotterte.

„Wo wohnst du denn?" Louis versuchte ihn in ein Gespräch zu verwickeln. Vielleicht konnte er Orkan so beruhigen.

„Im Westend. Über dem Laden von meinem Vater."

„Was macht er?", fragte Louis, obwohl er sich noch genau an Orkans Berufsvorstellung erinnern konnte.

„Er hat einen Schlüsseldienst." Orkan schniefte.

„Und deine Brüder? Arbeiten sie auch dort?"

„M-m." Orkan verneinte.

Louis versuchte ihn weiter abzulenken. „Was machen sie?"

„Gökay arbeitet in einer Bank", antwortete Orkan. Mit jedem Satz wurde seine Stimme ruhiger. „Hakan ist Zahntechniker.

Mutlu lernt Werkzeugmechaniker. Und Kerim …" Orkan schluckte die letzten

Tränen hinunter. „Kerim studiert BWL.
Du darfst ihnen nie erzählen, dass ich geweint
habe!"

„Warum denn nicht?", wollte Louis wissen.

„Ein echter Mann tut so etwas nicht!"

„Ach ja?" Louis spürte seine alte Wut in sich
aufsteigen. Das sagte ausgerechnet derjenige,
der andere regelmäßig zum Heulen brachte!
„Ich hab schon oft geweint", beichtete er.
„Bin ich deshalb kein richtiger Mann?"

Orkan überlegte.

„Doch, schon", gab er kleinlaut zu. „Du hast
mir das Leben gerettet."

„Na also."

Kurz herrschte eisiges Schweigen zwischen
ihnen.

Louis dachte: Was für ein bescheuerter Ort,
um sich auszusprechen! Eng aneinandergepresst, auf einem Holunderbaum mitten im
Fluss.

Unter ihnen gurgelte das Wasser. Über ihnen rüttelte der Wind an den Zweigen.

„'tschuldige, dass ich so fies zu dir war", ergriff Orkan als Erster wieder das Wort. „Ich schätze, ich hatte Angst, dass mich jemand mobbt."

„Und deshalb hast du andere geärgert?"

„Glaub schon. Und als Alex …"

„Was ist eigentlich mit dem los?", fiel Louis ihm ins Wort. „Der war doch früher nicht so."

Aufgebracht wackelte er mit den Zehen. Unter Orkans Schuhen fühlten sie sich an wie Wattebäuschchen. Es war so gut wie überhaupt kein Gefühl mehr in ihnen. „Können wir mal tauschen?", bat er. „Meine Zehen sind schon ganz taub."

„Na klar." Orkan war sofort einverstanden.

Louis schien es, als wäre er froh, auch mal etwas für ihn tun zu können. Vorsichtig zog er seinen rechten Fuß unter Orkans Sohle hervor und setzte ihn auf, um den linken zu befreien. Dabei knickte sein Knöchel einfach um, als wäre er aus Gummi. Louis kippte zur Seite. Mit einem überraschten Schrei stürzte er in die Tiefe.

Ein Hoffnungs-schimmer

In letzter Sekunde konnte sich Louis an einem Ast festhalten. Erschrocken sah er nach unten. Seine Beine baumelten bis zu den Knien im Wasser. Mit eisigen Fingern zerrten die Wogen an seinen Füßen.

Orkan half ihm, sich wieder hochzu-hangeln.

Louis suchte einen sicheren Stand in der Astgabel. Diesmal stellte er sich auf Orkans Füße und drückte sich noch enger an ihn. Seine Arme und Hände schmerzten. Die Beine kribbelten. Waren das die Ameisen?

Oder wachten nur langsam seine einge-
schlafenen Füße auf? Vielleicht war es auch
die Kälte? Louis fror erbärmlich, obwohl es
Sommer war und nicht wirklich kalt. Aber die
nassen Klamotten klebten eisig an seinem
Leib.

Auch Orkan zitterte. Seine Lippen waren
so blau gefroren, als hätte er Lippenstift
aufgetragen. Seine Zähne klapperten.

Louis musste an die zwei Toten denken,
von denen die Nachrichtensprecherin erzählt
hatte. Würden sie beide die nächsten sein?

Er musste sich dringend eine Lösung einfallen lassen, bevor es so weit kam!

Hilfesuchend sah er sich um.

Der rettende Container war so nah! Nicht
mehr als drei Meter von ihnen entfernt.
Und doch zu weit weg. Hinüberschwimmen
ging nicht, da er stromaufwärts lag. Sicher
würden sie wieder abtreiben.

Da, plötzlich, fiel Louis etwas auf.

„Guck mal!" Er deutete Richtung Container, zum Eingang des Schrottplatzes.

Vorsichtig wandte Orkan sich um.

Am Horizont tauchte ein feiner Silberstreif auf.

„Die Sonne geht auf." Ein Lächeln trat auf Orkans Gesicht, über das noch immer ein paar Ameisen krabbelten.

„Nein." Louis meinte etwas anderes. „Fällt dir nichts auf? Da! Am Zaun. Alex' Fahrrad ist fort! Das heißt: Er hat es geschafft! Er ist weggefahren. Bestimmt holt er Hilfe."

„Glaubst du?" Orkan schien nicht halb so überzeugt wie Louis.

„Na klar! Wenigstens um dich zu retten. Immerhin bist du sein bester Freund."

„Na ja, Freund …?" Orkan zögerte. „Alex braucht mich. Als Beschützer. Aber nur in der Schule. Er hat mich noch nie zu sich nach Hause eingeladen. Und ich glaube auch nicht, dass er mich retten würde."

Alex hat eine Idee

Wie ferngesteuert raste Alex durch die Nacht.
Zu Hause angekommen, schob er sein Fahrrad zurück in die Garage und schlich durch
den Keller in die Waschküche.

Er streifte seine pitschnassen Klamotten
vom Leib und hängte sie zwischen die Kleider
am Wäscheständer. Dann fischte er sich einen
Schlafanzug aus der Schmutzwäsche,
schlüpfte hinein und rubbelte sich mit einem
Handtuch die Haare trocken.

Im Dunkeln tapste er durch das Treppenhaus. Falls er seinem Vater begegnete, würde

es so aussehen, als ob er nur schlafwandelte.
Aber zum Glück blieb alles still. Sein Vater
schien friedlich zu schlafen und seine
Abwesenheit gar nicht bemerkt zu haben.

Zurück in seinem Zimmer huschte Alex
über den weichen Teppichboden, schlüpfte in
sein Bett und zog die Decke bis unters Kinn.
Erst jetzt kam er zum Nachdenken.

Wie Salven eines Maschinengewehrs
ratterten die Gedanken durch seinen Kopf:
Hatten die anderen es auch geschafft? Oder
saßen sie noch immer auf dem Schrottplatz
fest? Vor lauter Panik hatte er sich nicht
einmal nach ihnen umgesehen.

Obwohl ihm nun warm war, zitterte Alex
am ganzen Leib.

Was, wenn sie es nicht geschafft hatten?
Sollte er umkehren? Seinen Vater zu Hilfe
rufen oder gleich die Polizei?

Nein.

Unruhig wälzte sich Alex im Bett hin und her. Sein Vater hatte schon genug Probleme! Er durfte ihm jetzt nicht noch mehr Sorgen machen.

Ausdruckslos starrte Alex auf das Regal mit den Spielsachen. Nichts davon bedeutete ihm etwas, wenn er den Brief nicht mehr hatte. Nicht einmal die Drohne, die im Licht der Straßenlaterne silbrig schimmerte.

Alex dachte daran, wie er sie gestern mit Orkan über den Friedhof hatte fliegen lassen. An die coolen Aufnahmen, die sie mit ihr gemacht hatten. Plötzlich hatte er eine Idee.

Entschlossen schlug er die Decke zurück und rollte aus dem Bett. Er stieg auf einen Stuhl und holte die Drohne aus dem Regal.

Drohnenflug

Zwar dämmerte es mittlerweile, doch der Silberstreif am Horizont war wieder hinter dunklen Wolken verschwunden. Beinahe hätte Louis gar nicht bemerkt, dass es erneut zu regnen begonnen hatte – so nass waren sie, und das Tosen und Stampfen des Sturms übertönte alles. Nur im Lichtkegel der Laterne konnte Louis die Regenschwaden erkennen.

Und einen Schatten.

Einen Schatten?

Louis' Herz schlug schneller. Kein Zweifel,

jemand kletterte gerade auf das Flachdach des Containers.

„Da ist Alex!", rief er Orkan aufgeregt ins Ohr. „Er ist zurückgekommen. Wie ich gesagt habe!"

„Echt?" Orkan wandte sich um. Er schlang seinen Ellbogen um den schmalen Ast, an dem er lehnte, und begann mit der anderen Hand zu winken.

„Alex!", brüllten sie gemeinsam, so laut sie konnten. „Hier sind wir!" Doch der Wind wehte ihre Stimmen davon wie einen Seidenschal.

„Er hört uns nicht." Mutlos ließ Orkan die Schultern hängen.

Louis wusste, dass er recht hatte. Obwohl der Container so nah war, konnte Alex sie weder hören noch sehen. Das Rauschen des Wassers und das Heulen des Windes waren einfach zu laut, und der kleine Holunder

lag völlig im Dunkeln. Nur sie konnten Alex
sehen – weil er im Lichtkegel der Laterne
stand.

„Was macht er denn da?" Louis beobachtete,
wie Alex sich hinkniete und einen Koffer
öffnete, der zu seinen Füßen lag. „Er packt
irgendwas aus", beantwortete er seine eigene
Frage.

„Seine Drohne", sagte Orkan. „Er lässt sie
fliegen. Trotz Regen."

Louis schöpfte Hoffnung. „Wahrscheinlich
will er uns damit suchen!"

„Vielleicht", murmelte Orkan.

Gespannt beobachteten sie, wie Alex die
Drohne aus dem Koffer hob. Vorsichtig setzte

er sie auf dem flachen Dach des Containers
ab. Er holte die Fernbedienung aus dem
Koffer und schaltete sie ein. Das blaue Licht
des kleinen Controller-Displays leuchtete
durch die Nacht.

Louis sah, wie Alex die Antenne ausrichtete.
An der Drohne begannen zwei rote Lampen
zu blinken. Die vier kleinen Propeller fingen
an sich zu drehen.

„Das ist bestimmt sauschwer, die bei dem
Sturm zu steuern", meinte Orkan.

Louis nickte stumm. Mit angehaltenem
Atem verfolgte er, wie sich die Drohne
schwankend und schaukelnd in die Luft
erhob. Heftige Windböen stießen sie mal nach

links, mal nach rechts. Zitternd wanderte ihr Scheinwerfer über den Platz.

„Hier sind wir!"

Obwohl der schmale Lichtkegel sie noch gar nicht erfasst hatte, begann Louis zu winken. Im Zickzackkurs flog die Drohne auf sie zu, doch kurz bevor sie den Holunderbusch erreicht hatte, drehte sie ab und entfernte sich wieder.

„He!", rief Louis ihr enttäuscht hinterher.

„Er steuert sie Richtung Porsche", vermutete Orkan. „Wahrscheinlich denkt er, dass wir immer noch auf dem Autodach sitzen."

„Keine Sorge." Hoffnungsvoll lächelte Louis ihn an. „Wenn er uns dort nicht entdeckt, lenkt er sie sicher wieder zurück. Und dann findet er uns."

„Mhm." Orkan runzelte die Stirn. Er wirkte nicht besonders überzeugt.

Aber Louis sollte recht behalten. Es dauerte

nicht lange, und die Drohne kam wieder zurück. Schwankend eierte sie auf den Holunderbaum zu.

„Wenn sie über uns ist, schreien wir laut, okay?"

Orkan zögerte. „Ich mach mich doch nicht freiwillig zum Idioten."

„Hä?" Louis verstand nicht. „Wieso zum Idioten? Wie soll Alex uns denn sonst finden?"

„Vielleicht ist es ja besser, wenn er uns nicht findet."

„Hast du sie noch alle?" Louis starrte Orkan verständnislos an. „Wieso willst du denn, dass er uns *nicht* findet?"

„Weil ich nicht glaube, dass er uns helfen will."

„Sondern?", fragte Louis verwirrt.

„Ich glaube, Alex will einen Clip drehen! Für so einen Film bekäme er sicher Tausende Klicks. Und für Klicks tut er alles."

„Meinst du?" Louis sah Orkan zweifelnd an.

Unschlüssig beobachtete er, wie die Drohne auf sie zuflog. Auf einmal war er sich nicht mehr sicher: Sollte er nun hoffen, dass die Drohne sie fand, oder nicht? Einerseits war sie ihre einzige Hoffnung, andererseits hatte er keine Lust, im Internet zu landen – an einen Baum geklammert und jämmerlich um Hilfe rufend. Er konnte sich lebhaft vorstellen, wie die anderen sich über sie totlachten.

Also atmete er auf, als die Drohne einen weiten Bogen um sie herum beschrieb. Anscheinend hatte Alex Sorge, sie über den Baum fliegen zu lassen. Kein Wunder. Weiter oben war der Wind viel stärker und die Gefahr, dass die Drohne sich in den Ästen verfing, groß. Doch kurz bevor sie sich auf den Weg zum Container wieder entfernte, wurde sie von einer Böe erfasst. Unsanft schubste der Wind sie Richtung Baum, wo sie in den Zweigen hängen blieb und mit ihrem LED-Scheinwerfer direkt auf ihre Füße schien.

Keine andere Wahl

Auf der anderen Seite des Flusses beugte sich Alex über die Fernbedienung. Verwundert starrte er auf das Display. War das eine geringelte Socke? Die auf einem vollgekritzelten Turnschuh stand? Na klar! Das waren Orkans Chucks!

Verwundert hob Alex den Kopf und sah rüber zum Baum, in dem seine Drohne hängen geblieben war.

„Sieht er uns?" Louis beugte sich vor. So weit, wie es ihm möglich war, ohne den Halt zu verlieren oder vom dünnen

Zweig des Holunders zu rutschen. Endlich fiel ihm das grelle Scheinwerferlicht direkt ins Gesicht.

„Nicht!" Orkan zog ihn zurück.

„Was denn?" Louis schüttelte ihn ab. „Mach dir nicht in die Hose! Alex kommt ja nicht mehr an die Drohne heran. Also auch nicht an den Film. Wenn er sie wiederhaben will, muss er uns schon befreien. Sonst bleibt sie im Baum hängen, genau wie wir." Louis blinzelte in das Scheinwerferlicht und winkte. „Und? Zeigt er irgendeine Reaktion?"

Orkan wandte sich zum Container um. „Ja. Er hebt einen Arm und winkt."

„Na, endlich." Louis neigte sich wieder zurück und lehnte sich zufrieden an Orkans Bauch. „Mal sehen, was er jetzt vorhat."

„Er holt die Leiter", sagte Orkan.

Gespannt beobachteten sie, wie Alex' Schatten über das Flachdach huschte.

Er zerrte die Leiter, mit der er auf den Container geklettert war, aus ihrer Halterung. Dann schob er sie über den Rand des Containers Richtung Baum, Zentimeter für Zentimeter zu ihnen herüber.

„Oh Mann!" Louis stöhnte. „Was soll das denn werden? Die Leiter ist doch viel zu kurz. Sie reicht nie bis zu uns herüber. Und selbst wenn. Wie will er sie halten? Wenn mehr als die Hälfte über das Dach steht, bekommt sie Übergewicht und fällt runter."

Kaum hatte er seinen Gedanken ausgesprochen, sahen sie, wie die Leiter am Rand des Daches zu kippeln begann. Kurz schaukelte sie auf und ab wie eine Wippe, dann plötzlich ging alles ganz schnell. Wie Louis vorausgesagt hatte, bekam der über die Dachkante geneigte Teil Übergewicht und sank nach unten. Der hintere Teil schoss in die Höhe und drohte Alex vom Dach zu fegen. Gerade noch rechtzeitig sprang er zur Seite, bevor die Leiter vom Dach rutschte und in das schmutzige Wasser plumpste.

„Oh Mann, ist der blöd!" Louis konnte es kaum fassen.

Orkan nahm Alexander in Schutz: „Hast du eine bessere Idee?"

„Hätte ich schon! Aber wie soll ich sie ihm mitteilen? Er hört uns ja nicht."

„Du könntest sie aufschreiben", schlug Orkan vor. „Und die Botschaft vor die Kamera halten."

Louis sah zur Drohne hoch und schüttelte zweifelnd den Kopf. „Das funktioniert nicht! Ich hab nur einen Bleistift. Und die Schrift wäre viel zu klein. Auf dem Mini-Display kann Alex das nie und nimmer lesen. Schon gar nicht bei diesem Licht."

„Und wenn wir sie ihm per Drohne schicken?"

Louis sah Orkan an. Die Idee war gar nicht so schlecht!

„Mist!" Er fluchte.

„Was?"

„Der Stift ist in meiner Regenjacke. Und die habe ich fortgeworfen, um besser schwimmen zu können." Oh Mann! Louis hätte sich selbst ohrfeigen können! Er war mindestens so blöd wie Alex.

Oder etwa doch nicht?

Louis erinnerte sich, wie Orkan ihn bei der Regenjacke gepackt und seinen Reißverschluss bis unters Kinn zugezogen hatte. Hatte er dabei nicht den Stift in seiner Jeans versenkt?

Vorsichtig löste er eine Hand vom Ast und schob sie in seine Hosentasche.

„Hab ihn!" Mit zwei Fingern fischte er den Bleistift hervor, als ihm etwas anderes einfiel. „Mist!"

„Was?", fragte Orkan.

„Wir haben kein Papier mehr. Schon vergessen?" Louis sah Orkan vorwurfsvoll an. „Den einzigen Zettel, den ich hatte, hast du zerrissen und weggeworfen!"

„Ja, schon", gab Orkan zu. „Aber ich hab noch einen anderen." Er schob Louis ein wenig von sich weg, verlagerte sein Gewicht auf ein Bein und griff in seine Gesäßtasche. „Tadaaa!" Triumphierend zog er einen gefalteten Zettel hervor.

„Ist das …?" Neugierig linste Louis auf das Papier, das an den Ecken völlig aufgeweicht war.

Orkan nickte. „Der Brief, den ich für Alex aus dem Auto geholt habe."

„Genial!", rief Louis. „Allerdings …"

„Was?"

„Wenn wir Alex den Brief mit der Drohne schicken, hat er alles, was er wollte", gab Louis zu bedenken.

„Die Drohne, den Film *und* den Brief.
Er könnte einfach abhauen und uns hier
zurücklassen. Andererseits …" Louis nahm
Orkan den Brief aus der Hand. „Was haben
wir schon für eine Wahl?"

Ein ganz besonderer Brief

„Halt mich mal!" Um den Brief auseinander-
zufalten, brauchte Louis beide Hände.

„Wie denn?", beschwerte sich Orkan. „Ich
muss mich ja selbst festhalten!" Trotzdem
fasste er Louis mit einer Hand am Gürtel,
während er sich mit der anderen Hand weiter
an den Ast klammerte.

Vorsichtig faltete Louis den nassen Brief
auseinander, damit er nicht zerriss.

„Und? Ist es ein Liebesbrief?", feixte Orkan
und versuchte Louis über die Schulter zu
schielen.

„Sieht so aus." Louis schmunzelte.

Im Licht der Morgendämmerung konnte er eine schön geschwungene Handschrift und jede Menge Herzchen erkennen. Passend dazu meldete sich der erste Vogel zu Wort. Ein kleiner Spatz ließ sich auf dem Ast über ihnen nieder und zwitscherte fröhlich.

„Von wem ist er?", bohrte Orkan neugierig nach.

„Keine Ahnung", antwortete Louis. „Ich hab auch nicht vor, ihn zu lesen. Ich schreib einfach hinten drauf." Louis drehte den Brief um, auf dessen Rückseite nur noch wenige Zeilen und eine Unterschrift standen.

„Komm schon", drängelte Orkan. „Wetten, er ist von Mara? Die steht schon lange auf Alex."

„Kann sein", knurrte Louis, dem Orkans Neugier auf den Wecker fiel. „Zumindest fängt der Name mit ‚M' an. Mehr kann ich nicht lesen. Der Rest ist total verschwommen. Oder warte. Ich glaube, es heißt Ma…" Louis sah Orkan verdutzt an. „Ich glaube, da steht ‚Mama'."

„Mama?", wunderte sich Orkan.

„Ja." Louis nickte. „Sieht so aus, als wäre der Brief von seiner Mutter. Soll ich trotzdem draufschreiben?"

„Wieso nicht?" Orkan zuckte mit den Schultern. „Wahrscheinlich ist es nur ein Einkaufszettel oder so."

„Glaub ich nicht", widersprach Louis. „Warum hätte Alex einen Einkaufszettel aus dem Porsche retten wollen?" Er drehte den Brief wieder um und überflog die ersten Sätze. Schon der erste sah ganz und gar nicht aus wie der Beginn eines Einkaufszettels.

Mein über alles geliebter Lexi,

Louis schnürte es den Hals zu. Ihn beschlich ein ungutes Gefühl, ohne dass er hätte sagen können, warum. Stockend las er weiter:

Wenn Papa dir diesen Brief gegeben hat, ist die Operation leider nicht so verlaufen, wie wir es uns gewünscht haben.

Louis schluckte. Erschrocken sah er Orkan an, der ebenfalls ein bisschen blass wirkte – soweit er das in dem grauen Morgenlicht erkennen konnte.

„Oh Mann!" Louis stöhnte. „Das ist ein Abschiedsbrief von seiner Mutter. Sie muss vor Kurzem gestorben sein. Hast du das gewusst?"

Orkan schüttelte den Kopf. „Nein. Alex hat gar nichts davon erzählt."

Louis warf einen Blick zum Container rüber, wo Alex stand und zu ihnen herüberguckte. Dann beugte er sich wieder über den Brief. Auch wenn er nicht für ihn bestimmt war, konnte er nicht aufhören zu lesen:

Glaub mir, ich habe alles versucht, um diese fiese Krankheit zu besiegen – aber am Ende hat meine Kraft nicht gereicht. Das tut mir unendlich leid! Nicht so sehr wegen mir, sondern vor allem wegen dir. Weil ich dich nun nicht mehr knuddeln, küssen und trösten kann. Dir nicht mehr vorlesen, dein Pausenbrot schmieren und eine Mutter sein kann. Natürlich übernimmt Papa nun einiges. Aber denk daran, dass es auch für ihn eine schwierige Zeit ist.

Louis musste an den Autounfall denken. Hatte Alex' Vater vielleicht doch eine

Mitschuld daran? Hatte er nicht rechtzeitig reagiert, weil er selbst völlig durch den Wind war?

Redet viel miteinander – auch wenn das Männern nicht immer leichtfällt. Zwar kannst du mich nicht mehr sehen, trotzdem werde ich in allen wichtigen Augenblicken deines Lebens bei dir sein: Wenn du die Schule beendest, heiratest oder Kinder kriegst. Oh, wie gerne hätte ich meine zukünftigen Enkelkinder noch kennengelernt, deine Frau (oder auch deinen Mann ☺)!

Orkan kicherte. Louis warf ihm einen bösen Blick zu.

Bitte richte ihnen aus, dass ich sie genauso lieb habe wie dich selbst. Und sag auch du ihnen – so oft du nur kannst –, dass du sie liebst. Denn wer weiß, wie lange einem noch die Zeit dazu bleibt. Genieße jeden Tag, als wäre er dein letzter, gehe viel an die frische Luft und benutze regelmäßig Zahnseide!

Vor allem aber: Vergiss nie, nie, nie, wie sehr ich dich liebe!

Auf ewig deine Mama

Louis wischte sich eine Träne von der Wange. „Kein Wunder, dass Alex seit einiger Zeit so komisch ist", schniefte er. „Wenn meine Mutter sterben würde, würde ich auch die ganze Welt hassen."

Orkan nickte und schwieg betroffen.

„Und was machen wir jetzt?", fragte er schließlich. „Auf einen Abschiedsbrief können wir doch nichts draufschreiben."

„Ich tu's trotzdem!", beschloss Louis
mit fester Stimme. Auf einmal wollte er so
dringend nach Hause wie noch nie in seinem
Leben. „Ist ja nur Bleistift. Den kann Alex
später wegradieren."

Mit klammen Fingern notierte er seine Idee
auf das nasse Papier. Er kletterte ein Stück
nach oben, um den Brief an der Drohne zu
befestigen. Seine Füße fühlten sich taub an.
Seine Fingerspitzen und sein Herz ebenfalls.

Die dünnen Ästchen des Holunderbaumes
bogen sich umso mehr durch, je höher er
kam. Vorsichtig hob Louis die Drohne aus
den Zweigen und setzte sie auf seine flache
Hand wie einen Marienkäfer, der sich zum
Abflug bereit machte. Dann blickte er direkt
in die Kamera und bedeutete Alexander,
die Drohne zurückzuholen.

Aneinander-
gekettet

Die vier kleinen Propeller des Quadro-
kopters begannen sich zu drehen. Louis
verfolgte, wie die Drohne in die Höhe stieg
und das Wasser überquerte. Zum Glück
hatte der Wind mit dem Morgengrauen
nachgelassen. Sanft landete die Drohne auf
dem Flachdach.

Hinter dem Bürocontainer ging langsam
die Sonne auf und färbte den Himmel blutrot.
Auch wenn sie bis jetzt nur eine Ahnung am
Horizont war, fing sie bereits an zu wärmen
und ihre Kleider zu trocknen.

Louis sah, wie Alexander den Brief von der Drohne entfernte. Vorsichtig faltete er ihn auseinander und las. Anschließend legte er ihn wieder sorgfältig zusammen und verstaute ihn in der Innentasche seiner Jacke.

Louis hielt den Atem an. Was würde er jetzt tun? Abhauen? Mitsamt der Drohne und dem Brief?

Gespannt beobachtete er, wie Alex vom Container kletterte und seine Drohne auf dem Flachdach zurückließ.

Louis atmete auf. Allem Anschein nach hatte Alex seine Anleitung verstanden und begann sie umzusetzen.

Er ist nicht fies, dachte Louis, nur neidisch! Neidisch darauf, dass ich noch eine Mutter habe, die Pausenbrote macht und nette Botschaften in Bananen ritzt. Auch wenn sie „nur" auf dem Schrottplatz arbeitet ...

„Was hast du ihm geschrieben?",
rief Orkan von unten, während Alex über die
Seitenwand des Containers kletterte.

„Dass er ein langes Kabel suchen soll", rief
Louis zurück, ohne Alex aus den Augen zu
lassen.

Er beobachtete, wie Alex um den Container
herumging, wo die Straße etwas erhöht lag
und das Gelände trocken geblieben war.
Er kletterte auf einen Schrotthaufen und
wühlte darin herum, bis er schließlich ein
langes Kabel gefunden hatte. Er zog es heraus
wie eine Nudel aus einem Berg Spaghetti,
wickelte es sich um den Oberkörper und
kletterte zurück auf den Container.

„Was soll er denn damit?", fragte Orkan
ungeduldig.

„Wart's ab!" Louis kletterte wieder zu ihm
herunter.

Sie beobachteten, wie Alex das Ende

des Kabels an den Pfosten der Laterne
knotete, die neben dem Container stand.
Das andere Ende befestigte er an
der Drohne. Alex griff sich die Fernbedienung und ließ seine Drohne,

mit dem Kabel im Schlepptau, Richtung
Holunderbaum fliegen. Eiernd umrundete
sie den Stamm des Baums und machte sich
wieder auf den Rückweg.

"Super, es klappt!", jubelte Louis, während
Orkan nur verständnislos glotzte.

„Was klappt?"

„Jetzt haben wir ein Seil zum Container",
rief Louis und sah, wie Alex die schaukelnde
Drohne in Empfang nahm.

Vorsichtig knotete Alex das Kabel von ihr
ab und band das Ende mit dem anderen

am Laternenpfosten fest, bis das Kabel straff
gespannt zwischen Container und Holunderbaum hing.

„Was hast du vor?", fragte Orkan
argwöhnisch. „Du willst doch nicht
etwa da rüber balancieren?"

Louis lachte. „Nein. Das wäre mir dann doch zu spektakulär. Wir klinken uns am Kabel ein und hangeln uns rüber. Schätze, wir werden noch mal ein bisschen nass."

„Ein bisschen?" Skeptisch sah Orkan nach unten, wo das Kabel knapp über dem gurgelnden Wasser schwang.

Louis zog seinen Gürtel ein Stück aus der Hose und fädelte ihn durch zwei Laschen an Orkans Jeans, sodass sie wie Bergsteiger zusammenhingen. Vorsichtig rutschte er aus der Astgabel und zog Orkan mit sich.

„Nicht!" Panisch klammerte sich Orkan an den Baumstamm. „Nun komm schon." Louis schnallte den Gürtel am Kabel fest und ließ sich ins Wasser gleiten. „Es kann ja gar nichts passieren. Der Gürtel hält uns."

Behutsam bog er Orkan jeden einzelnen Finger vom Baum.

„Bist du dir sicher?" Zögernd ließ Orkan sich in Louis' Arme gleiten.

„Ganz sicher", beruhigte ihn Louis. „Also … wenn Alex den Knoten fest genug gemacht hat."

Gegen die Strömung

Louis zog sich am Kabel entlang, Orkan stapfte hinterher. Durch die Strömung, Schritt für Schritt, wie eine Seilschaft im Gebirge. Das Wasser reichte ihnen bis zu den Schultern. Immer wieder schlugen ihnen Schrottteile gegen den Oberkörper. Orkan bibberte.

Louis dachte an seine Mutter, die jetzt in ihrem warmen Bett lag und schlief. Der Gedanke daran, bald wieder zu Hause zu sein, trieb ihn voran. Nur noch wenige Meter und der Albtraum hatte endlich ein Ende.

Kurz vor dem Container ertastete Louis eine Steinplatte unter seinen Füßen. Er stellte sich darauf und presste seinen Rücken gegen die Blechwand, um seinen Körper so wenig wie möglich der Strömung auszusetzen.

Erst als Orkan sicher neben ihm stand, öffnete er den Gürtel und schnallte sie beide vom Kabel ab.

„Mir nach!" Louis hangelte sich die geriffelte Blechwand entlang, bis zur Seite des Containers, wo das einzige Fenster lag. „Über das Fenstersims können wir auf das Dach klettern."

„Gebt mir eure Hand!", kam eine Stimme von oben.

Louis sah hoch. Alex' bleiches Gesicht schwebte über ihm. Er beugte sich nach unten und streckte ihm einen Arm entgegen.

„Du zuerst!", rief Louis und stemmte Orkans Hinterteil in die Höhe,

während Alex Orkan am Handgelenk griff.
Mit einem kräftigen Schwung zog er Orkan zu
sich.

Louis kletterte hinterher. Erschöpft ließ er
sich auf das Flachdach fallen und merkte
erst jetzt, wie unendlich müde er war.
Um ein Haar wäre er auf der Stelle eingeschlafen.

„Na, komm schon!" Alex half ihm auf.

Eine Weile lang standen sie sich stumm
gegenüber. Louis sah Alex beklommen an.
Er musste an Alex' Mutter denken, an ihren
Abschiedsbrief und daran, dass Alex sie nie
wiedersehen würde.

Nie.

Wieder.

Sein Herz zog sich schmerzhaft zusammen.
Gleichzeitig durchströmte ein warmes Gefühl
seinen Bauch. Ein Gefühl für Alex. Am
liebsten hätte er ihn einfach umarmt.

„Alles klar bei dir?" Alex klopfte ihm auf die Schulter.

„Ja, alles klar", antwortete Louis stockend. „Und bei dir?"

„Alles gut", nickte Alex. Er sah zu Orkan. „Ich bin froh, dass euch nichts passiert ist."

Und dann umarmte er sie.

Sturmtief Alex

„Bist du schon wach?" Louis' Mutter klopfte an die Badezimmertür. Ihre Stimme klang erstaunt.

Kein Wunder. Normalerweise stand sie zuerst auf und weckte Louis. Doch heute war alles anders. Louis stand bereits unter der Dusche, bevor sie überhaupt aufgewacht war.

„Nee, ich schlafe noch", scherzte er.

Seine Mutter lachte. „Na gut. Wenn du aufgewacht bist, dann komm! Frühstück ist fertig."

„Ja, gleich!", rief Louis durch die Badezimmertür.

Aber er brauchte noch eine Weile. Das heiße
Wasser tat so gut! Louis genoss, wie es über
seinen durchgefrorenen Körper floss. Nur
langsam drang die Wärme bis zu seinen
Knochen durch.

Nachdem er sich von Orkan und Alexander
getrennt hatte, war er nach Hause geradelt –
ohne Regenjacke und Gummistiefel, denn
beides war unwiederbringlich davongespült
worden.

Aber das würde seiner Mutter nicht weiter
ungewöhnlich vorkommen. Er verlor ständig
irgendetwas: Mützen, Handschuhe und
Turnbeutel, Regenschirme, Pullis oder
Jacken.

Nachdem er sich genug aufgewärmt hatte,
schnappte sich Louis das große Handtuch
vom Haken und rubbelte sich trocken.

Er schlüpfte in seine Kleider und ging in die Küche.

Aus dem Radio drang fröhliche Musik. Seine Mutter stand summend an der Spüle und wusch ein paar Trauben ab. Louis näherte sich ihr von hinten und schlang seine Arme um ihre Taille. Er legte sein Gesicht auf ihren warmen Rücken und drückte sie fest.

„Ups! Hast du mich erschreckt." Seine Mutter lachte. „Was bist du denn heute so anhänglich?"

„Nur so", murmelte Louis und setzte sich auf seinen Platz. Hungrig stürzte er sich auf das Müsli, das seine Mutter für ihn vorbereitet hatte. Sie trat zu ihm an den Tisch und ließ ein paar Trauben in sein Müsli plumpsen. „Geht's dir gut?" Sie setzte sich neben ihn.

„Besser denn je." Louis lächelte.

„Siehst aber müde aus." Seine Mutter wuschelte ihm durch die Haare. Normalerweise duckte sich Louis dann immer weg, aber heute blieb er ruhig sitzen und machte sich sogar ein wenig größer, damit sie besser wuscheln konnte.

„Hast du nicht gut geschlafen?"

„Nur schlecht geträumt", behauptete Louis.

„Kein Wunder, bei dem Sturm", entgegnete seine Mutter, als auch schon die Radionachrichten von umgestürzten Bäumen berichteten: „Sturmtief Alex fegte mit 80 Stundenkilometern über die Stadt ..."

„Sturmtief Alex?", fragte Louis.

Seine Mutter nickte. „Ja. Die bekommen doch immer Namen. Das gestern hieß anscheinend Alex."

Louis hörte auf zu kauen, um besser zuhören zu können.

„Der Orkan richtete erhebliche Schäden an", kam es weiter aus dem Radio. „Er rüttelte an Fassaden und fegte ein Auto von der

Fahrbahn. Das Baugerüst an der Kirche fiel um, geparkte Autos wurden von abgebrochenen Ästen beschädigt. Ein Baum stürzte auf Schienen."

„Na, das war ja was!" Louis' Mutter seufzte. Sie zog die Butter heran, um Louis ein Pausenbrot zu schmieren. „Hoffentlich ist niemandem etwas passiert." Sie nahm eine Brotscheibe aus dem Korb und fragte: „Was willst du heute aufs Brot, mein Schatz? Wurst oder Käse?"

„Hm ..." Louis überlegte. „Beides", sagte er schließlich. „Überhaupt ... kannst du mir ab jetzt immer zwei Pausenbrote mitgeben?"

„Zwei?" Verwundert hob seine Mutter die Augenbrauen.

„Ja." Louis nickte und fügte eilig hinzu, bevor sie weitere Fragen stellen konnte: „Ich glaube, ich habe einen Wachstumsschub."

Etwas ist anders

Louis fühlte sich tatsächlich ein wenig größer als sonst. Und stärker. Aber je näher er der Schule kam, umso mehr verflüchtigte sich dieses Gefühl.

Alles war wie immer. Würden auch Orkan und Alexander wie immer zu ihm sein?

Auf dem Zebrastreifen breitete der Schülerlotse seine Arme aus. Ein paar Ungeduldige hupten. Vor dem Schultor schnippten die Großen ihre Kippen in die Pfützen. Die Kleinen sperrten ihre Roller ab. Die Fahrradständer waren überfüllt.

Es gongte. Zusammen mit den anderen strömte Louis ins Schulhaus.

Alles wie immer.

Trotzdem. Etwas war auch anders. Das spürte Louis ganz genau. Aber was?

Als er das Klassenzimmer betrat, waren Orkan und Alexander schon da. Sie saßen auf ihrem Tisch, umringt von einer Traube Mitschülern. Alle spähten Alex über die Schulter, auf sein Handy, auf dem offensichtlich wieder irgendein lustiger Film lief.

Oder doch nicht so lustig? Louis stutzte. Die meisten Umstehenden sahen schockiert aus. Vielleicht zeigte Alex auch eines dieser Tiervideos herum, in dem sich ein Löwe am Hinterteil einer Antilope festkrallte. Oder eine Anakonda ein ausgewachsenes Krokodil verschlang.

Unbemerkt schlich Louis auf seinen Platz,

als Orkan auf einmal aufsah und mit dem Finger auf ihn deutete.

„Da ist er ja!"

Nun sahen ihn auch die anderen an.

„Was ist?" Erschrocken sah Louis zurück. „Was glotzt ihr so?"

Ohne zu antworten, stand Alex auf. Er ging zu ihm und zeigte ihm den Film, der auf seinem Handy lief.

Louis erkannte den Holunderbusch, in dem er die halbe Nacht verbracht hatte. Er erkannte sich selbst. Und Orkan.

Er sah, wie er auf die Drohne zukletterte und den Brief an ihrem Bauch befestigte. Wie er Orkan beruhigte, mit seinem Gürtel festschnallte und durch das reißende Wasser führte.

„Du hast Orkan das Leben gerettet!", ergriff Mara als Erste das Wort.

„Das war echt mutig von dir!", sagte Vincent.

„Du bist ein Held!", meinte Paul.

Louis wurde rot.

Yannik hob seine Hände und begann zu klatschen. Dann Tom, Phillip und Laura. Schließlich applaudierte die ganze Klasse.

Louis bekam eine Gänsehaut.

Sogar ein paar Große blieben im Türrahmen stehen und klatschten. Anscheinend hatte sich das Video in Windeseile im ganzen Schulhaus verbreitet. Jetzt wusste Louis auch, was so anders gewesen war. Zum ersten Mal sahen die anderen nicht durch ihn hindurch. Sie sahen ihn an!

Dabei lag etwas Neues in ihrem Blick. Etwas, das Louis noch nie gesehen hatte. Neugier. Interesse.

Und ein Funken Bewunderung.

Sind deine Nerven stark genug
für noch mehr echte Helden?

CHARLOTTE HABERSACK

ECHTE HELDEN

Feuerfalle Kran

Nach einer *wahren* Geschichte

Ben war sicher einer der größten Angeber der ganzen Schule. Er konnte einem das Blaue vom Himmel herunterlügen. Hätte man ihm geglaubt, war er schon Piranhas fischen auf dem Amazonas und hatte mit seinem Vater (der angeblich in Australien auf einer Krokodilfarm arbeitete) die Sahara durchquert. Auf einem Motorrad!

Immerhin, Ben war nicht schlecht in Heimat- und Sachkunde. In Wirklichkeit aber war sein Vater Architekt und saß die meiste Zeit hinter einem Schreibtisch. Und Urlaub machte er am liebsten auf der Terrasse – im Liegestuhl.

Wenn man Ben in der Schule reden hörte, konnte man meinen, er sei der Stärkste, Schnellste und Größte seiner Klasse. Dabei war er eher der Schwächste, Langsamste und Kleinste.

Ben hatte zwei Geschwister. Um die drehte

sich zu Hause einfach alles. Jenny war fünf. Mit ihren großen braunen Kulleraugen und ihren blonden Haaren, die wie elektrisiert vom Kopf abstanden, war sie so süß, dass alle Frauen wie Ferkel quiekten, wenn sie sie sahen. Selbst dann, wenn Jenny sich beim Essen eine Erbse in die Nase schob, wieder herausholte und – aufaß!

Timo war dreizehn und hielt sich für so cool, dass er eigentlich Eiswürfel hätte pinkeln müssen. Ständig brauchte er Hilfe bei den Hausaufgaben. Seine Füße waren so groß wie ein Laib Schweizer Käse – und rochen auch ähnlich scharf.

Ben war zehn. Groß genug, um den Plastik-müll zum Container zu tragen, aber zu klein, um so lange aufzubleiben wie Timo. Er war mittelmäßig in der Schule und mittelmäßig hübsch. Das Einzige, mit dem er hätte ange-ben können, war ein Muttermal auf der linken

Pobacke – in Form eines Herzens. Aber richtig punkten konnte er damit auch nicht. Zumindest nicht in der Schule. Nur Melina hatte er den Leberfleck einmal gezeigt. Mit wenig Erfolg.

„Das ist brauner Filzer!", hatte sie behauptet und mit Spucke daran herumgerieben.

Also erzählte Ben lieber Geschichten. Dann bekam er immer die volle Aufmerksamkeit. Tut ja niemandem weh, wenn man etwas übertreibt.

Dachte er! Niemals hätte er geglaubt, dass ihn eine seiner Geschichten mal in Lebensgefahr bringen würde …